BEI GRIN MACHT SICH IHR
WISSEN BEZAHLT

AF167157

- Wir veröffentlichen Ihre Hausarbeit,
  Bachelor- und Masterarbeit

- Ihr eigenes eBook und Buch -
  weltweit in allen wichtigen Shops

- Verdienen Sie an jedem Verkauf

Jetzt bei www.GRIN.com hochladen
und kostenlos publizieren

Die Notwendigkeit von ethischen Richtlinien für künstliche Intelligenz. Eine kurze Darstellung

Sebastian Steindl

Bibliografische Information der Deutschen Nationalbibliothek:

Die Deutsche Nationalbibliothek verzeichnet diese Publikation in der Deutschen Nationalbibliografie; detaillierte bibliografische Daten sind im Internet über http://dnb.d-nb.de abrufbar.

ISBN: 9783346378422
Dieses Buch ist auch als E-Book erhältlich.

© GRIN Publishing GmbH
Nymphenburger Straße 86
80636 München

Druck und Bindung: Books on Demand GmbH, Norderstedt Germany
Gedruckt auf säurefreiem Papier aus verantwortungsvollen Quellen

Das vorliegende Werk wurde sorgfältig erarbeitet. Dennoch übernehmen Autoren und Verlag für die Richtigkeit von Angaben, Hinweisen, Links und Ratschlägen sowie eventuelle Druckfehler keine Haftung.

Das Buch bei GRIN: https://www.grin.com/document/999701

Ostbayerische Technische Hochschule Amberg-Weiden
Fakultät Elektrotechnik, Medien und Informatik

Studiengang Master Künstliche Intelligenz

Seminararbeit

von

Sebastian **Steindl**

Ethische Künstliche Intelligenz

Inhaltsverzeichnis

Kapitel 1

Einleitung und Motivierung

1.1   Definition Künstliche Intelligenz

Es gibt viele Definitionen des Begriffs „Künstliche Intelligenz" (KI). Genauso gibt es auch für die menschliche Intelligenz mehrere Definitionen. Man kann Intelligenz kurz als „Problemlösefähigkeit" zusammenfassen. In dem Abschlussbericht der Enquete-Kommission zu KI [4] verzichten die Autoren bewusst auf eine Definition, sondern formulieren stattdessen eine Begriffserklärung und verweisen auf die Definition der „High-Level Expert Group on Artificial Intelligence" der Europäischen Kommission [2]. Deren Definition ist mehrere Zeilen lang und beinhaltet auch die regelbasierte / symbolische KI. Wenn man heutzutage in den Medien von KI und ihren Fortschritten hört, handelt es sich nahezu ausschließlich um (selbst-)lernende KI. Diese Art der KI bezeichnet man auch als Machine Learning (dt. „maschinelles Lernen") und in einer Spezialform als Deep Learning (wird üblicherweise nicht ins Deutsche über-setzt), bei der „tiefe", also mehrschichtige, Neuronale Netze zum Einsatz kommen. Ein technisches Verständnis ist für das Verständnis der vorliegenden Arbeit nicht notwendig. Es reicht zu wissen, dass diese lernende KI anhand von Daten lernt. Dies wird auch Training genannt und die Daten bestehen meistens entweder aus Bildern, Texten, Tönen (z.B. Sprachaufnahmen) oder quantifizierten Messungen (Alter, Größe, Gewicht, etc.). Nah verbunden mit der KI ist auch die Robotik. Diese kann in manchen Bereichen als Schnittstelle zwischen Mensch und KI dienen, indem der Mensch mit einem Roboter, der von KI gesteuert ist, interagiert. Ein KI-System kann so definiert werden:

„KI-Systeme sind von Menschen konzipierte, aus Hardware- und/oder Softwarekom-ponenten bestehende intelligente Systeme, die zum Ziel haben, komplexe Probleme und Aufgaben in Interaktion mit der und für die digitale oder physische Welt zu lösen. "[4]

Dies lässt sich in einem Schaubild (siehe Abbildung 1.1) zusammenfassen.

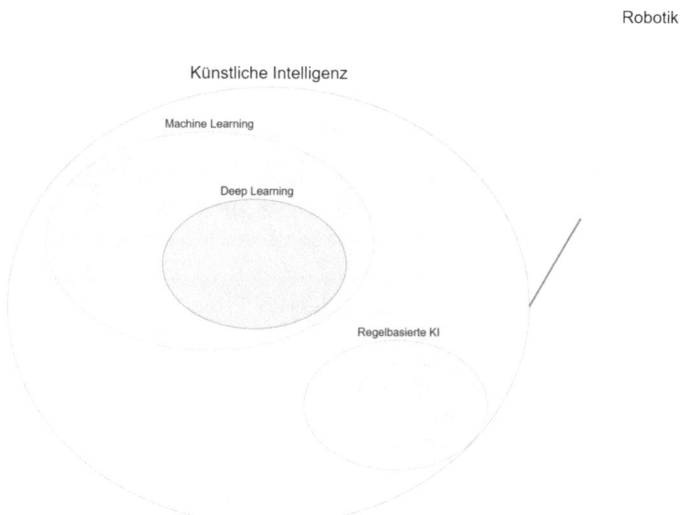

Abbildung 1.1: Visuelle Darstellung der KI. Eigene Darstellung, inspiriert von [2]

1.2 Motivierung des Themas

Zunächst soll das Thema motiviert werden. Warum ist es wichtig, sich jetzt mit den ethischen Fragen bezüglich der KI und Robotik zu beschäftigen?
Dafür gibt es mehrere gute Gründe. Erstens, sind die Fortschritte in diesen Technologien allgegenwärtig, rasant und richtungsweisend. Einige Beispiele dazu sollen im Folgenden aufgeführt werden.
In der Verarbeitung natürlicher – das heißt menschlicher – Sprache (engl. Natural Language Processing, NLP) herrschten bis vor einigen Jahren regelbasierte Ansätze. Heutzutage wird nahezu jedes industrielle sowie akademische Projekt durch die Verwendung Neuronaler Netze realisiert. Diese Entwicklung begann aber erst etwa 2013. In diesem Jahr wurde von Google das „word2vec" Verfahren veröffentlicht, bei dem es darum geht die Wörter eines Textes in Zahlenvektoren abzubilden und dadurch sogenannte Word-Embeddings zu erstellen. Inzwischen besteht der Trend darin, riesige Sprachmodelle auf enormen Datenmengen zu trainieren und diese später für einzelne spezielle Anwendungsfälle zu optimieren. Lange war das von Google 2018 veröffentlichte Modell „BERT" der Standard dafür, nur zwei Jahre später veröffentlichte OpenAI die inzwischen dritte Iteration ihres Konkurrenzproduktes, das GPT-3 Modell, das noch größer ist. Google verwendet für alle englischen Suchanfragen und auch teilweise andere Sprachen seit 2019 BERT [8]. Damit verwenden Millionen Menschen jeden Tag ein KI-gestütztes Produkt ohne es zu wissen.
Ein weiterer großer Anwendungsbereich von KI liegt in der Bildverarbeitung. Ende der 1990er Jahre gelang dem Forscherteam um Yann LeCun dabei der große Durchbruch durch den Einsatz einer neuen Art Neuronaler Netze, den sogenannten Convolutional

Neural Networks (CNNs), den sie in ihrem Paper „Gradient Based Learning Applied to Document Recognition" veröffentlichten. Ein weiterer großer Durchbruch gelang 2014 als Ian Goodfellow sein Paper zu Generative Adversarial Networks veröffentlichte, mit denen nicht nur Bilder erkannt, sondern auch generiert werden können. Vor wenigen Wochen gelang der Firma DeepMind ein weiterer Coup: Ihr AlphaFold Projekt kann erfolgreich aus einer Proteinsequenz die 3-D Struktur des Moleküls vorherzusagen [10]. An diesem „protein folding problem" haben zahlreiche Forscher über Jahrzehnte geforscht – gelungen ist es am Ende durch Neuronale Netze. Dieser Erfolg hat weitreichende Implikationen, gerade im medizinischen Bereich, da die 3-D Struktur die Funktionalität des Moleküls bestimmt.

Diese kurze Auflistung einiger Beispiele zeigt, dass die Erfolgsgeschichte Neuronaler Netze zwar vor etwa 20 Jahren, viele große Durchbrüche aber erst in den letzten fünf Jahren stattgefunden haben und die heutigen Auswirkungen sowie zukünftigen Visionen die Menschheit insgesamt betreffen und verändern. Aber die Beispiele zeigen noch mehr. word2vec und BERT stammen von Google, GPT-3 von OpenAI. Yann LeCun arbeitete zum oben genannten Zeitpunkt für die Bell Labs und wurde später zum „Chief AI Scientist" bei Facebook [7]. Ian Goodfellow war für Google und OpenAI tätig und ist aktuell Director of Machine Learning bei Apple [6].
Wie man sieht, ist die KI-Forschung sehr stark durch Unternehmen getrieben. Zudem kommen die Fortschritte größtenteils aus den USA. Und ganz generell gilt, dass diese KI Daten zum Trainieren braucht. Daher werden Daten oftmals als Rohstoff der vierten industriellen Revolution bezeichnet. Es ist unabdingbar, möglichst schnell Gesetze und Regularien zu formulieren, die sowohl verhindern, dass es erneut zu einer sozialen Frage kommt, und gleichzeitig der Forschung so viel Freiraum ermöglichen, dass die Vorteile der KI – die ohne Frage immens sein können, siehe AlphaFold – der Menschheit nutzen können. Dies zeigt auf, dass die Betrachtung ethischer KI immer auch eine politische Dimension beinhalten sollte. Denn die nötigen Regularien müssen zwingend multilateral erreicht werden. Außerdem muss wie bei anderen physischen Produkten selbstverständlich auch hier die „Produktionskette" berücksichtigt werden. Der Bundestag hat am 26.06.2018 mit der Drucksache 19/2978 einen Antrag zur Einsetzung der Enquete-Kommission „Künstliche Intelligenz – Gesellschaftliche Verantwortung und wirtschaftliche, soziale und ökologische Potenziale". Diese Enquete-Kommission hat mit der Drucksache 19/23700 am 28.10.2020 ihren Bericht vorgelegt [4], der hier abgerufen werden kann: https://dip21.bundestag.de/dip21/btd/19/237/1923700.pdf

Dieser Bericht beschäftigt sich breitflächig mit dem Thema KI und analysiert dabei nicht nur den q quo und den Entwicklungsperspektiven, sondern gibt auch konkrete Handlungsempfehlungen. Die Themenliste umfasst unter anderem die Bereiche „KI und Daten", „KI und Umgang mit Bias/Diskriminierung", „KI und Recht", „Ethische Perspektiven der KI", „KI und Gesellschaft" und auch „KI und SARS-CoV-2". Sowohl der Bericht als auch die Thematik ist demnach höchst aktuell. Aufgrund des Umfangs kann hier nicht ausführlich auf den Bericht der Enquete-Kommission eingegangen werden. Allen interessierten Lesern sei es aber durchaus empfohlen, sich genauer in die Kommissionsergebnisse einzulesen.

Kapitel 2

Betrachtung von Ethik in KI und Robotik

2.1   Was ist (Maschinen-)Ethik?

Es gibt viele verschiedene Definitionen für „Ethik". Man kann vereinfacht sagen, dass die Ethik versucht, die Frage „Was soll ich tun?" zu beantworten. Allerdings ist die Antwort darauf immer subjektiv, womit sich eine neue Frage auftut: Wie lassen sich allgemeine Regeln ableiten? Hier sei auf die Verbindung zu Kants kategorischem Imperativ hingewiesen. In [3] wird unter Ethik die Theorie der Moral verstanden, wobei die Moral wiederum die Theorie über gesellschaftliche Regeln, Normen und Werte ist. Dabei ist die Moral ein allgemeineres Konzept. Löst man diese Verkettung auf, ist die Ethik die subjektive Empfindung über gesellschaftliche Regeln, Normen und Werte und beschreibt damit tatsächlich die Frage nach Handlungsanweisungen in einem sozialen Kontext. Die Autoren übertragen dieses menschliche Verständnis auf die Welt der Technologie, indem sie die Maschinenethik über die Frage definieren: „Wie kann eine ethische KI geschaffen werden?" Das Kommissionsgutachten formuliert diesbezüglich die Frage: „Was ist unsere Idee vom Menschsein in einer von KI-Technologie durchdrungen Welt?" Außerdem weisen die Autoren darauf hin, dass über Ethik nicht nur Grenzen des Handelns definiert werden, sondern auch Ziele, die man durch den Einsatz der KI erreichen möchte.

Nachdem nun klar sein sollte, was man unter Maschinenethik versteht, sollte noch geklärt werden, warum es sinnvoll ist, sich damit zu beschäftigen. Ein wichtiger Punkt dabei ist, dass Maschinen eben kein Bewusstsein haben! Wenn wir von KI sprechen, meinen wir zunächst die sogenannte „schwache" KI. Also jene Systeme, die auf einer bestimmten, abgegrenzten Aufgabe oder Materie funktionieren. Das „Lernen" entspricht dann lediglich dem besser werden auf dieser Aufgabe. Dabei kann aber noch lange nicht von einem menschenähnlichen Bewusstsein oder einer allgemeinen KI, die oft auch als „starke" KI bezeichnet wird, die Rede sein. Die Enquete-Kommission macht darauf aufmerksam, dass es wichtig ist, sich dessen bewusst zu sein. Denn die menschlichen metaphorischen Formulierungen wie „die KI lernt" können schnell

zu einem falschen Verständnis führen. Wenn es nun also so ist, dass die KI kein
Bewusstsein hat, kann sie auch nicht aus sich selbst heraus eine Ethik entwickeln. Es
kommt hinzu, dass die Maschine keine Gefühle, keine Intuition und keinen „inneren
Wertekompass" hat. Während den „Algorithmen" (dieser Begriff wird im allgemeinen
Sprachgebrauch sehr oberflächlich und pauschalisierend verwendet) also dadurch
Leitplanken in ihrem Handeln fehlen, können sie zusätzlich noch nicht einmal für ihre
Handlungen bestraft werden oder Reue empfinden. Wir haben also auf der einen Seite
eine Entität („die KI"), die sich stetig weiterentwickelt, an Bedeutung, Kompetenzen
und Zuhörern gewinnt. Auf der anderen Seite aber keine Verantwortung übernehmen
kann. Ziel der Maschinenethik muss es sein, diese Verantwortung von außen vorweg zu
nehmen. In [4] wird zudem festgestellt, da aufgrund dessen, dass die ethischen Regeln,
denen ein System folgt, von außen „hinein programmiert" werden, diese Aufgabe bei
den Produzenten des Systems liegt. Auch deswegen ist es wie oben beschrieben keine
Option, die Entwicklung von KI ausschließlich Anderen zu überlassen – besonders,
wenn es keine multilateralen Übereinkommen gibt.

2.2 KI und Vertrauen

Nun klingt das für einige Leser vielleicht so, als ob man bei den ganzen Risiken
vielleicht einfach keine KI erlauben sollte? Zunächst ist es nicht so einfach technologi-
schen Fortschritt aufzuhalten. Des Weiteren sollte das nicht das Ziel sein. Schließlich
kann KI auch in nahezu jedem Bereich große Vorteile für die Gesellschaft mit sich
bringen. Wer dennoch zweifelt, dem fehlt sichtlich das Vertrauen in den Einsatz von
KI. Das Vertrauen ist ein zentraler Stützpfeiler für die gelungene Integration von KI
in unser Leben. Dabei geht es einerseits um die Zuversicht, dass das KI-System nach
seiner Spezifikation funktioniert, demnach also keine Software-Fehler beziehungsweise
sogenannte „Bugs" auftreten. Andererseits bezieht sich das auf das Vertrauen des
Menschen, dass die Maschine ethisch richtig und gut handelt – was auch immer das
subjektiv bedeuten mag. Die Autoren von [3] haben einige Punkte zusammengetragen,
die für dieses Vertrauen äußerst wichtig sind:

1. **Die KI darf den Menschen nicht schaden**: Das ist sicherlich einer der grundle-
   gendsten Aspekte, der auch an die bekannten Regeln von Isaac Asimov erinnert.
   Dies betrifft unter anderem, aber nicht ausschließlich, den Einsatz von autonomen
   Militärsystemen.

2. **Die KI muss für den Menschen vorteilhaft sein**: Wenn dies nicht so wäre, hätte
   es selbstverständlich wenig Sinn, diese KI überhaupt einzusetzen. Allerdings stellt
   sich hier die Frage des Blickpunktes. Auch heute schon gibt es ganz allgemein
   „Dinge", die nur für gewisse Individuen oder Gruppen beispielsweise finanziell
   vorteilhaft sind.

3. **Die KI muss die Entscheidungen des Menschen respektieren**: Auch diese Aus-
   sage erinnert an Asimov und muss dahingehend eingeschränkt betrachtet werden,
   dass die Entscheidungen nur dann berücksichtigt werden sollten, wenn die KI
   dadurch gegen keine andere Regel verstößt.

4. **Die KI muss gerecht und fair handeln**: Dafür ist es zunächst nötig, ein „gerechtes" Handeln zu definieren und unfaires Handeln auch erkennen zu können. Ungerechtes Handeln kann unter anderem durch Bias in den Daten, mit denen die KI trainiert wurde erzeugt werden. Darauf wird in einem späteren Abschnitt genauer eingegangen. IBM hat mit „AI Fairness 360" ein Toolkit entwickelt, das in der Lage sein soll, solchen Bias in KI auszugleichen [11].

5. **Das KI-System sollte verständlich sein**: Dabei geht es nicht darum, dass jeder den tatsächlichen Code nachvollziehen soll. Vielmehr sollte es eine abstrahierte Vermittlung der Funktionsweise geben, sodass der Entscheidungsprozess verständlich wird.

6. **Das KI-System sollte einen Manipulationsschutz besitzen**: Wie eigentlich jedes (Software-)Produkt sollte es idealerweise einen hundertprozentigen Schutz gegen Manipulation geben. Leider ist es so, dass solche Schutzmaßnahmen nie hundertprozentig sicher sein können. Man könnte dies vielleicht ähnlich betrachten wie die Verwendung von Kreditkarten oder Passwörtern.

In [3] schlagen die Autoren außerdem vor, dass humanoide Roboter, also solche, deren äußere Erscheinung der eines Menschen ähnelt, die Akzeptanz erhöhen könnte. Des Weiteren sollte man sich bewusst sein, dass die Fortschritte in der KI auch das Vertrauen der Menschen in die Medien schädigen können. Die meisten haben sicherlich schon von sogenannten „Deep Fakes" gehört. Dabei werden Videos mittels KI manipuliert und es können beispielsweise Politikern Worte in den Mund gelegt werden, die sie nie gesagt haben. Während man ähnliche Manipulation bei Bildern schon seit einigen Jahren kennt, galten Videos bisher als sicherer Beweis – zukünftig könnte sich das ändern. Sicherlich wird es aber auch Gegenmaßnahmen geben, beispielsweise in Form von digitalen Wasserzeichen.

Aus zwischenmenschlichen Beziehungen kennt man es, dass man mit wachsendem Vertrauen in eine andere Person, auch mehr aus dem privaten Leben teilt. Die Akzeptanz von Eingriffen in die Privatsphäre ist also an das Vertrauen in den gegenüber gekoppelt. Daher betrachten wir im Folgenden kurz den Aspekt der Privatsphäre bezüglich der KI.

2.3 KI und Privatsphäre

KI benötigt Daten. Je mehr, hochqualitativer und vielfältiger, desto besser. Leider ist es jedoch so, dass diese Daten je nach Anwendungsbereich durchaus in die Privatsphäre derer eingreifen, die die Daten – vielleicht sogar unwissentlich(?) - generiert haben.
Während das einigen sicherlich prinzipiell schon missfällt, gibt es zudem noch dystopische Bilder inklusive staatlicher Überwachung, die oft auch von den Medien gezeichnet werden.
Laut [3] lässt sich in Umfragen oft eine Ambivalenz feststellen. Die Befragten wollen sowohl ihre Privatsphäre schützen, als auch Geräte oder Gadgets verwenden, die ihre Privatsphäre verletzen (können). Man nimmt die Überwachung also in Kauf, solange der dadurch gewonnene Vorteil groß genug ist.

Dennoch sollte der Staat hier seine Bürger in Schutz nehmen und Rahmenbedingungen vorgeben. Sehr bekannt ist natürlich die Datenschutz-Grundverordnung (DSGVO), die zwar einige gute Punkte aufgreift, die praktische Umsetzung bringt allerdings wieder neue Probleme mit sich. Hier werden sicherlich neue Gesetze nötig werden, um diesen Bereich rechtssicher abzustecken.

2.4 Die Haftungsfrage

Eine weitere wichtige Frage besteht in der Haftung. Angenommen, ein KI-System verursacht Schaden. Wer muss aktuell haften? Wer sollte haften?
Sowohl in [4] als auch in [3] wird dafür auf die sogenannte „Gefährdungs-" beziehungsweise „Produkthaftung" hingewiesen. Diese besagt, dass der Hersteller für den Schaden durch das Produkt haften würde. Ob das wirklich die beste Handhabung ist, bleibt zu diskutieren. Was jedoch auch in den Kommissionsergebnissen klar gemacht wird ist, dass es immer eine (Rechts-)Person geben muss, die die Haftung übernehmen kann. Die Technik kann wie oben erläutert keine Verantwortung tragen. Sicherlich gibt es bereits Gesetze die auch auf KI-Systeme angewendet werden können. Dennoch macht es auch Sinn, etwaige Grauzonen durch neue Gesetze auszuleuchten und sicherzustellen, dass die angewendeten Gesetze auch in solchen Situationen angemessen sind. Wie sollen beispielsweise Lizenzrechte bei von KI generierter Kunst und Musik aussehen? Wer soll bei einem Autounfall mit autonomen Fahrzeugen haften? Soll bei einem autonomen Militärschlag mit falschem Ziel der angreifende Staat die Kollektivschuld bekommen?

2.5 Autonomes Fahren

Das Autonome Fahren ist sicherlich einer der Sektoren, der den meisten Lesern zuerst in den Sinn kommt, wenn sie an KI denken.
Zunächst sollte geklärt werden, was autonomes Fahren eigentlich ist. In [3] werden fünf Level der Autonomisierung beschrieben.

1. **Assistenzsysteme**: Dazu zählt zum Beispiel das automatische Bremsen bei Hindernissen.

2. **Teilautomatisiert**: Autonomes Bremsen, Beschleunigen und Spurwechsel. Hier befinden sich beispielsweise die Tesla Modelle.

3. **Hochautomatisiert**: Ab diesem Level muss das System nicht ständig überwacht werden, sondern kann kürzere Zeitintervalle autonom Fahren. Der Schritt von Level 2 zu 3 ist also äußerst wichtig. Der Audi A8 sollte zunächst dieses Level erreichen, dies wurde allerdings inzwischen revidiert [1];

4. **Vollautomatisiert**: Unter Standardbedingungen, und nur unter diesen, kann das Auto selbstständig Fahren.

5. **Autonomes Fahren**: Erst mit Level 5 wird tatsächlich autonomes Fahren erreicht.

Das Fahrzeug kann dann unter allen (äußeren) Umständen selbstständig Fahren. Ein Eingreifen des Fahrers ist nicht nötig.

Von Level 5 autonomen Fahren sind wir noch mehrere Jahre entfernt. Wenn es allerdings da ist, könnte man auch argumentieren, dass es eine ethische Pflicht gibt, dieses zu nutzen. Laut [3] gibt es Statistiken, nach denen 90-95 % aller Autounfälle vom Menschen verursacht werden. Wenn es also die Möglichkeit gibt, diese Unfälle zu vermeiden, sollte man sie doch ergreifen - oder?

Es gibt viele Zukunftsfantasien wie das autonome Fahren den Alltag verändern könnte. Es wäre eventuell leichter möglich „Car Sharing" einzusetzen, sodass das Auto nicht mehr Privateigentum ist und die meiste Zeit unbenutzt auf dem Parkplatz steht. Stattdessen könnten sie als autonome Taxis gebucht werden, was auch umweltfreundlicher wäre. Nichtsdestotrotz gibt es natürlich auch hier immer die Gefahr des Hackens. Zudem würden durch solche autonomen Fahrzeuge sicherlich viele Menschen arbeitslos. Schließlich könnte ein autonomer LKW ohne Pause auch die Nacht durchfahren und würde trotzdem weniger Unfälle bauen. Auch Busfahrer wären vermutlich obsolet. Ob und wie schnell man diese Berufsgruppen umschulen könnte ist nicht einfach so abzusehen.

2.6   Militärische KI

Auch auf die militärische KI möchte ich parallel zu [3] genauer eingehen.
Zu Beginn sollte hier unterschieden werden zwischen tödlicher und nicht-tödlicher KI. Unter nicht-tödlicher militärischer KI könnten beispielsweise autonome Versorgungsfahrzeuge zählen. Die tödliche KI ist offensichtlich deutlich brisanter und ethisch schwieriger zu bewerten. Beschäftigen wir uns also nun mit autonomen Waffensystemen. Wie weiter oben schon beschrieben hat die KI kein Gefühlsempfinden und kann keine Verantwortung übernehmen. Daher kann sie auch nicht bestraft oder verurteilt werden. Hinzu kommt, dass die autonomen Waffensysteme keine Verhältnismäßigkeit kennen. Die Entscheidung, wie viel Kollateralschaden vertretbar wäre, ist schon für den Menschen eine schwierige Gefühlsentscheidung – wie sollen Maschinen diese treffen? In [3] wird auch darauf hingewiesen, dass es rechtlich nicht zugelassen ist, Menschenleben gegeneinander aufzurechnen. Das Bundesverfassungsgericht hat das 2006 entschieden, als sie das Luftsicherheitsgesetz für verfassungswidrig erklärten. Das sogenannte „Problem vieler Hände" macht die Haftungsfrage hier noch strittiger. Damit ist gemeint, dass an einem KI-System und dessen Einsatz sehr viele Menschen beteiligt sind und es sehr schwierig ist, einen Schuldigen auszumachen. [3] Des Weiteren müsste die militärische KI natürlich auch das Völkerrecht berücksichtigen. Dazu gehört auch die Unterscheidung zwischen Kombattanten und Nicht-Kombattanten. [3] Prinzipiell klingt das wie eine typische Klassifikation anhand von Bilddaten. Diese Aufgabe können KIs oft auch sehr gut erledigen – mit passendem Trainingsbildern. Stellen wir uns nun vor, ein solches System wäre im Einsatz. Die befeindete Nation kennt allerdings die verwendeten Trainingsdaten und passt dementsprechend ihre Ausrüstung derartig an, dass die Soldaten fälschlicherweise als Nicht-Kombattanten erkennt würden. Das Gefecht wäre schnell gewonnen. Kein

Verteidigungsminister oder General würde dieses Risiko eingehen. Denkt man das Szenario in eine andere Richtung weiter, könnte ein Bias in den Trainingsdaten, der allgemein zu systematischen Fehlklassifizierungen führen kann, fatale Folgen haben. Es wäre beispielsweise denkbar, dass bei ungünstigen Trainingsdaten Zivilisten oder sogar die eigenen Soldaten als feindliche Kombattanten erkannt würden. Sollte so ein Fall eintreten, wäre doch die Person schuld, die die Trainingsdaten erhoben hat – oder?

[3] führt aber durchaus auch Argumente auf, die für den Einsatz von autonomen Waffensystemen sprechen. Zunächst kann das Militär generell natürlich auch ausschließlich zu defensiven Zwecken eingesetzt werden. Oder es kann zu Situationen eines sogenannten „gerechten Krieges" kommen. Wenn also ein Kriegsakt nötig ist, um Gräueltaten zu vermeiden. Ein häufiges Beispiel für derartige Situationen ist der Zweite Weltkrieg. Ähnlich wie beim autonomen Fahren kann man auch hier eine ethische Pflicht sehen. Wenn statt Menschenleben zu beenden nur Maschinen zerstört werden, ist das natürlich eine ethisch gute Sache. Die Kehrseite dieser Medaille wäre eventuell aber, dass dann mehr Kriegshandlungen, besonders von reichen Nationen stattfinden könnten, da die „Kosten" der Menschenleben geringer sind.

Ein finales Argument gegen den Einsatz vollständig autonomer Waffensysteme, das [3] aufführt, ist die Menschenwürde. Nur ein Mensch sollte über den Tod eines anderen Menschen entscheiden. Der Tod durch einen Algorithmus wäre die ultimative Demütigung.

2.7   KI im Bereich Human Enhancement und Medizin

Der dritte große KI-Bereich in [3] ist das Human Enhancement. Dieses muss zunächst von restaurativen Eingriffen abgegrenzt werden, auch wenn die Grenze fließend ist. Betrachten wir als Beispiel eine robotergestützte Unterarmprothese. Solange diese dem Träger nur wieder menschliche Fähigkeiten ermöglicht, ist sie rein restaurativ. Derartige Eingriffe sind ethisch komplett unbedenklich und können als „gut" eingestuft werden. Verleiht die Prothese aber Fähigkeiten, die über die menschlichen Kapazitäten hinaus gehen, würde man von einem „enhancement", also einer Verbesserung sprechen. Das könnte bei einer Unterarmprothese zum Beispiel durch eine größere Griffkraft erreicht werden.

Human Enhancement würde natürlich alle Bereiche beeinflussen, in denen die „verbesserten" Menschen tätig sind. Bei sportlichen Wettkämpfen wäre selbstverständlich keine Fairness mehr gegeben. In anderen Bereichen gibt es dagegen große Potenziale. Die meisten Arbeitsplätze die physische Tätigkeiten fordern, könnten durch Exoskelette humaner gestaltet werden. Durch die maschinelle Unterstützung der Gelenke und Muskeln wird der Körper geschont und geschützt.

Auch im Gesundheitswesen ergeben sich Chancen. Erstens können Roboter in der Pflege und als Alltagshilfen eingesetzt werden. Des Weiteren bieten sich durch KI einige Möglichkeiten, die Diagnostik zu verbessern. Es gibt bereits mehrere Forschungsansätze, die sehr erfolgreich Krankheiten auf medizinischen Bilddaten (Röntgenbilder, CT-Bilder) erkennen können. Weitere Vorteile könnten sich in der Telemedizin ergeben. Für eine Online-Sprechstunden mit einem Arzt ist nicht einmal KI nötig, sie kann die

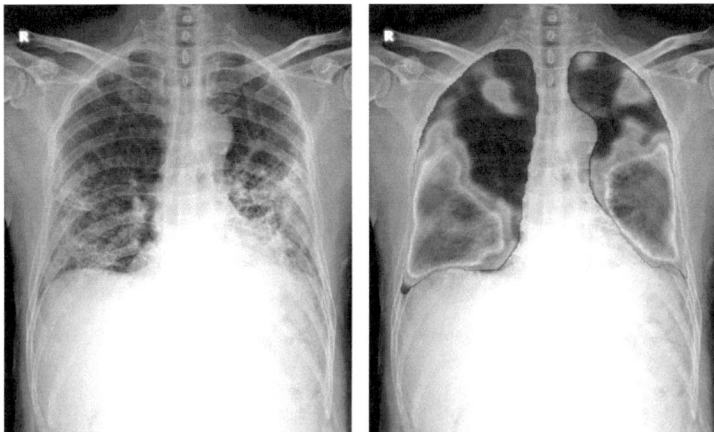

Abbildung 2.1: Heatmap aus den Aktivierungen eines Neuronalen Netzes. Quelle: [5]

Problematik fehlender Fachärzte in ländlicheren Gegenden aber dennoch schmälern. Diagnostik-Systeme können bereits heute Medizinern assistieren. Dadurch, dass sie nicht direkt die Entscheidung treffen, ist es auch ethisch weniger stark bedenklich. Dennoch spielt gerade im medizinischen Bereich die Transparenz beziehungsweise Nachvollziehbarkeit der KI eine sehr große Rolle. Leider sind Neuronale Netze zunächst eine Blackbox. Nachvollziehbarkeit muss extra hinzugefügt werden. Eine Möglichkeit bei Bilddaten besteht darin, sogenannte Heatmaps aus den Aktivierungen innerhalb des Netzes zu erzeugen. Vereinfacht gesagt markiert man also Bereiche auf dem Bild, die besonders stark zur Entscheidung des Netzes beigetragen haben. Ein Beispiel findet sich in Abbildung 2.1.

2.8 KI und Bildung

In [4] wird der Einsatz von KI im Bereich Bildung in zwei Arten unterteilt. Einerseits das „Lernen über KI", bei dem es darum geht, den Umgang mit KI und technische Fähigkeiten zu lernen und andererseits „Lernen mit KI", also die Unterstützung des allgemeinen Lernprozesses mittels KI. Letzteres ist für diese Arbeit interessanter.
Große Potenziale gibt es bei der individuellen Optimierung des Lernens. KI-gestützte Lernbücher könnten den Leistungsstand eines jeden Schülers regelmäßig automatisiert messen. Basierend darauf könnten die Aufgaben oder gar der Stundenplan angepasst werden. Ein Roboter könnte zudem die Lehrkraft an einigen Stellen im Unterricht unterstützen und beispielsweise Fragen beantworten. Bereits heute ist die Verwendung von Tablets und Smartphones im Unterricht nichts außergewöhnliches. In einem nächsten Schritt könnte ein Chat-Bot entwickelt werden, dem die Schüler individuelle Fragen zum Unterrichtsstoff stellen können. Derartige Chancen bieten sich natürlich für alle Altersstufen und somit auch für außerschulische Aus- und Weiterbildungen. In [4]

wird darauf hingewiesen, dass solche Systeme lediglich zur Verbesserung des Lernens und in keinem Fall zur Verhaltensbewertung oder -kontrolle verwendet werden sollen. Außerdem wird ein solcher Wandel in der Bildung viel Schulungsaufwand erzeugen. Die Lehrkraft muss für den Einsatz von KI im Unterricht geschult sein, ebenso wie die Schüler. Aus der bisherigen Erfahrung mit der Digitalisierung sind es allerdings die Schüler, die häufig mehr Wissen zum Umgang mit aktueller Technologie haben und die Integration von KI in den Unterricht wird daher wahrscheinlich aus Sicht der Schüler fließend sein.

2.9 Bias und Diskriminierung

Wie bereits beschrieben hängt die Funktionalität einer lernenden KI stark von den verwendeten Trainingsdaten ab. Wenn bereits in diesen Daten Vorurteile (engl. „bias") herrschen, wird sich dies in der KI widerspiegeln. Es kommt also zu einem systematischen, unerwünschten Verhalten. Ein solcher Bias kann harmlos sein und in der Gesamtmenge der Fehler verschwinden. Es kann jedoch auch zu Diskriminierung kommen, die je nach Anwendungsbereich verheerende Folgen haben könnte.

Beispielsweise hatte Amazon ein System im Einsatz, das zur Beurteilung von Bewerbungsschreiben verwendet wurde [9]. Dieses wurde auf den Bewerbungen der letzten zehn Jahre trainiert. Diese enthielten überwiegend männliche Bewerber, sodass das System lernte, Männer zu bevorzugen.

Ein weiteres Beispiel liefert ein in den USA verwendeter Algorithmus, der entscheiden sollte, welche Patienten ein hohes Risiko haben und daher eine besondere Behandlung benötigen [12]. Um dieses Risiko zu bestimmen, wurden die bisherigen Kosten, die der Patient erzeugte, evaluiert. Die Idee dahinter ist, dass höhere Kosten eine höhere Beeinträchtigung der Gesundheit bedeuten und daher ein höheres Risiko. Eine Studie stellte fest, dass schwarze Patienten ein niedrigeres Risiko zugewiesen bekamen als weiße Patienten mit vergleichbarer Krankheitshistorie. Die Autoren führten dies auf mehrere Faktoren zurück, darunter die bestehende Korrelation zwischen Hautfarbe und Einkommen.

Beide Beispiele zeigen wie Bias, der vielleicht nur indirekt in den Daten vorhanden ist, sich in der KI fortsetzt.

Ähnliche Problematiken können entstehen, wenn in den Daten Diversität fehlt. Ein KI-System zur Gesichtserkennung wird große Probleme damit haben, Bevölkerungsgruppen zu erkennen, die entweder gar nicht oder stark unterrepräsentiert in den Trainingsdaten vorkommen [4]. Dies zeigt ein generelles Risiko von KI-Systemen auf und betont die immense Bedeutung der Trainingsdaten.

Kapitel 3

Abschließende Worte

Diese Arbeit zeigt einige Anwendungsbereiche von KI auf, welche Problematiken daraus entstehen können und wieso daher zwingend ethische Richtlinien entworfen werden sollten. In [4] schlägt die Kommission der Regierung konkrete Handlungsmöglichkeiten vor. Man sollte sich an dem Konzept der menschenzentrierten KI (engl. human-centered AI) orientieren. Gleichzeitig sollte sich jeder Programmierer und Hersteller von KI-Systemen der Auswirkungen seines Produktes bewusst sein. Wir stehen jedoch noch am Anfang der Entwicklung, sowohl von KI als auch von ethischen Richtlinien. Es bleibt abzuwarten, wie gut die Integration in den Alltag gelingen wird.

Literatur

[1] Anthony Alaniz. *Audi A8: Autonomes Fahren nach Level 3 endgültig gestrichen.* Motor1.com. 29. Apr. 2020. URL: https://de.motor1.com/news/419131/audi-a8-autonomes-fahren-nach-level-3-endgultig-gestrichen/ (besucht am 10.02.2021).

[2] High-Level Expert Group on Artificial Intelligence. *A definition of AI: Main capabilities and scientific disciplines.* B-1049. Brüssel, 8. Apr. 2019.

[3] Author Christoph Bartneck. *Ethik in KI und Robotik.* Christoph Bartneck, Ph.D. 6. Okt. 2019. URL: https://www.bartneck.de/2019/10/07/ethik-in-ki-und-robotik/ (besucht am 10.02.2021).

[4] *Bericht der Enquete-Kommission Künstliche Intelligenz – Gesellschaftliche Verantwortung und wirtschaftliche, soziale und ökologische Potenziale.* 19/23700. Deutsche Bundestag, 28. Okt. 2020.

[5] *CAD4COVID-1024x619.png (1024×619).* URL: https://thirona.eu/wp-content/uploads/2020/03/CAD4COVID-1024x619.png (besucht am 10.02.2021).

[6] *Ian Goodfellow | LinkedIn.* URL: https://www.linkedin.com/in/ian-goodfellow-b7187213/ (besucht am 10.02.2021).

[7] Yann LeCun. *Yann LeCun's Home Page.* URL: http://yann.lecun.com/ (besucht am 10.02.2021).

[8] Pandu Nayak. *Understanding searches better than ever before.* Google. 25. Okt. 2019. URL: https://blog.google/products/search/search-language-understanding-bert/ (besucht am 10.02.2021).

[9] Reuters. „Amazon ditched AI recruiting tool that favored men for technical jobs". In: *The Guardian* (10. Okt. 2018). ISSN: 0261-3077. URL: https://www.theguardian.com/technology/2018/oct/10/amazon-hiring-ai-gender-bias-recruiting-engine (besucht am 10.02.2021).

[10] Andrew Senior u. a. *AlphaFold: Using AI for scientific discovery.* Deepmind. 15. Jan. 2020. URL: /blog/article/AlphaFold-Using-AI-for-scientific-discovery (besucht am 10.02.2021).

[11] Kush Varshney. *Introducing AI Fairness 360, A Step Towards Trusted AI - IBM Research.* IBM Research Blog. 19. Sep. 2018. URL: https://www.ibm.com/blogs/research/2018/09/ai-fairness-360/ (besucht am 10.02.2021).

[12]   Starre Vartan. *Racial Bias Found in a Major Health Care Risk Algorithm.* Scientific
       American. 24. Okt. 2019. URL: https://www.scientificamerican.com/article/
       racial-bias-found-in-a-major-health-care-risk-algorithm/ (besucht am
       10. 02. 2021).

Abbildungsverzeichnis